Die schönsten WINTER-GESCHICHTEN

Dieses Buch gehört:

....

Autorin: Stephanie Moss
Illustrationen: Sylwia Filipczak

© der deutschen Ausgabe:
Trötsch Verlag GmbH & Co. KG
Geschwister-Scholl-Str. 11
15537 Gosen-Neu Zittau
www.troetsch.de
E-Mail: info@troetsch.de

Inhalt

Brunos erster Schnee

Bruno Bär schaute aus dem Fenster in den grauen Himmel. Der Herbst war fast vorbei, und es war Zeit für seinen langen Winterschlaf. „Ich kann es kaum erwarten, aufzuwachen und die bunten Frühlingsblumen zu sehen“, sagte er.

Er schloss die Vorhänge, kletterte in sein Bett und kuschelte sich ein. Bruno wusste, dass er den ganzen Winter durchschlafen würde. Er schlief schnell ein und träumte von warmen Frühlingstagen.

Der kleine Bär schlief tief und fest, bis ihn das
Klingeln seines Weckers weckte. RRRING-RRRING!
„Endlich ist der Frühling da“, rief er und reckte und streckte sich.

Verschlafen rieb er sich die Augen und lief
zum Fenster. Er freute sich darauf, endlich
den strahlend blauen Himmel widerzusehen.
Er öffnete die Vorhänge und ...

... alles war weiß!

„Das sieht überhaupt nicht nach Frühling aus“, sagte Bruno. „Ich muss noch träumen.“ Er rieb sich erneut die Augen, aber wohin er auch blickte, war alles von einer dicken Schneeschicht bedeckt.

Schnell zog er sich etwas an und lief die Treppe hinunter. Als er die Haustür öffnete, wehte ihm ein eisiger Wind entgegen. Er trat nach draußen. Der Himmel war nicht blau und es gab keine einzige Frühlingsblume.

„Es ist Winter! Mein Wecker hat mich zu früh geweckt,“ rief Bruno.

Ihm wurde kalt und er begann zu zittern. „Ich gehe bis zum Frühling wieder Schlafen!“ Bruno huschte zurück ins Bett und zog die Decke über den Kopf. Doch kurz bevor er einschlief, hörte er ein Geräusch!

„Was ist das?“, brummte er und hielt sich die Ohren zu. Als er das Fenster öffnete, sah er seine Freunde draußen vergnügt im Schnee spielen. „Ich versuche hier zu schlafen“, rief er empört. Aber die beiden hörten ihn gar nicht. Sie hatten einfach zu viel Spaß.

Der kleine Bär stapfte in den Schnee hinaus und fragte:
„Was macht ihr denn hier draußen? Es ist doch viel zu kalt."

Da reichten Hansi Hase und Emma Eichhörnchen ihm Mütze und
Schal und sagten: „So, jetzt bist du bereit für den Winter!"

Sie zeigten ihm, wie man einen Schneemann baute.
Bruno fror und grummelte: „Ich wäre viel lieber
warm eingemummelt in meinem Bett."
Aber als sie fertig waren, spürte er die Kälte kaum noch.

Als nächstes veranstalteten die drei Freunde ein Schlittenrennen. Sie kletterten auf den höchsten Berg und rasten hinunter.

„Ahhh!“, schrie Bruno. Er hielt sich die Augen zu und landete sanft in einem großen Schneehaufen.

Der kleine Bär schaute sich um und sah seine Freunde kurz nach ihm rechts und links in den Schnee plumpsen. „Du hast gewonnen!“, riefen sie. Zur Belohnung gab es für jeden eine heiße Schokolade.

„Ich wusste nicht, dass der Winter so viel Spaß macht“, sagte Bruno. „Vielleicht lasse ich meinen Winterschlaf nächstes Jahr ganz ausfallen!“

Nur Mut, Willy Walross

Willy Walross liebte es, auf seinem Boot über die eisige See zu segeln, aber manchmal vermisste er seine Freunde an Land. Eines Tages ließ eine Möwe einen Brief auf das Deck fallen. „Es ist eine Einladung zu einem Picknick“, las Willy.

„Ich hole besser den Anker ein. Hau ruck!“, rief er. Aber der Anker bewegte sich nicht. Willy zog, so fest er konnte, aber es geschah immer noch nichts. Er schaute ins Wasser. „Oh nein! Der Anker steckt im Eis fest. Ich kann nirgendwohin segeln!“

Willy blickte durch sein Fernglas. Wohin er auch schaute, sah er nur Eis. Er wusste, dass es nur eine Möglichkeit gab, an Land zurückzukehren.

Er würde über das Eis fahren müssen! Willy schnappte sich seine alten Schlittschuhe und schlüpfte hinein.

Er stand langsam auf
und versuchte, sich auf
dem Eis zu halten.

Dann begannen seine Knie
zu zittern und er taumelte
hin und her.

„Aah!“, rief das Walross
und landete mit einem
BUMS auf dem Boden.

„Im Schlittschuhlaufen war ich noch nie gut“, seufzte Willy. „Ich muss einen anderen Weg zurück zu meinen Freunden finden.“ Plötzlich hörte er ein Knirschen, dann ein lautes KNACK. „Oh-oh“, sagte Willy und sah, wie das Eis um ihn herum aufbrach. „Wenn ich nicht Schlittschuh laufen kann, muss ich eben schwimmen.“

Er blickte in das dunkle Eisloch. Dann holte er tief Luft, schloss die Augen und wollte hineinspringen, doch als seine Flossen das eiskalte Wasser berührten, sprang er schnell wieder zurück.

„Ich kann nicht so weit schwimmen!“, rief er. „Jetzt schaffe ich es nie zum Picknick.“

Willy wollte gerade umkehren, als ihn auf einmal ein kalter Wasserspritzer traf. Zwei Köpfe tauchten aus dem Eis auf. „Geh nicht!“, riefen Oskar Orca und Nils Narwal, die gehört hatten, wie Willy gefallen und das Eis aufgebrochen war.

„Du brauchst nur etwas Hilfe von deinen Freunden“, sagte Nils. Die beiden Wale streckten ihre Flossen aus, Willy hielt sich daran fest und ließ sich langsam ins Wasser gleiten. Zuerst erschrak er vor der Kälte und begann zu zittern und zu schlottern, aber schon bald planschte er fröhlich herum.

„Ich habe es geschafft!“ rief Willy. Die drei Freunde tauchten gemeinsam ins Wasser und verschwanden unter der Eisdecke. Hier begrüßte er all die kleinen Fische und wirbelte fröhlich herum.

Ehe er sich versah, war er bei seinen Freunden angekommen.
„Du kommst gerade rechtzeitig“, riefen sie. “Gut gemacht, Willy!“

Komm hinaus, kleine Maus

Mara Maus besuchte ihrem Freund Emil Eisbär. Er hatte viele tolle Ideen, was die beiden alles unternehmen könnten. Doch am ersten Morgen schaute Mara nach draußen und fröstelte. „Es ist so kalt“, sagte sie. „Wollen wir lieber drinnen bleiben?“

Emil stellte seine Skier ab und setzte sich zu Mara ans Feuer. „Natürlich“, sagte er. „Wir können später Skifahren gehen.“

Aber das taten sie nicht. Die Maus kuschelte sich auf das gemütliche Sofa und blieb dort den ganze Tag.

Am nächsten morgen war Emil schon sehr früh wach. „Bist du bereit fürs Skifahren?“, fragte er aufgeregt. Aber Mara schüttelte den Kopf. „Es sieht aus, als würde es gleich schneien. Ich bleibe lieber hier und lese.“

Emil seufzte. Er stapfte nach draußen und machte einen Spaziergang, während Mara ihr Buch vor dem Kamin las. Es dauerte nicht lange, da schlief die kleine Maus vor dem wohlig warmen Feuer ein. Auf einmal wurde sie durch ein lautes KLOPF-KLOPF geweckt.

Mara wickelte sich in ihre Decke und öffnete die Tür. „Hallo?“, sagte sie, aber es war niemand da. Da bemerkte sie ein Päckchen auf der Türschwelle. „Das muss für Emil sein“, dachte sie.

Als sie es aufhob, sah sie, dass das Päckchen für sie war. Sie riss das Papier auf und fand ein paar kuschelweiche Handschuhe darin und dazu einen Brief, in dem stand:

Mara trat in den Schnee, aber
sie spürte die Kälte kaum.
Aufgeregt suchte sie nach
dem nächsten Hinweis.

Unter einem Busch fand sie das nächste Päckchen mit einer Wollmütze und einer weiteren Nachricht: „Du bist fast bereit für den Schnee. Geh jetzt zum Iglu.“

Der letzte Hinweis führte sie zu einem Paket mit einem flauschigen Schal und einem Zettel, auf dem stand: „Jetzt ist dir warm. Komm, ich nehm dich ...“

Mara drehte das Blatt um, aber wo war der Rest des Satzes?

Dann blickte sie auf und
sah den kleinen Eisbär mit
weit geöffneten Armen.

„… in den Arm!“, rief
Emil und drückte Mara
so fest er nur konnte.

„Danke, dass du mich hinaus
in den Winter gelockt hast“,
sagte Mara. „Jetzt geht’s
auf in den Schnee!“

Ida und Iggy

Ida Igel sprang in die
Luft und wirbelte auf
dem Eis herum wie eine
Ballerina. Papa Igel
klatschte eifrig Beifall.

„Ich kann mich öfter drehen als du“, prahlte ihr Bruder Iggy.
Der kleine Igeljunge fuhr los und machte eine dreifache Drehung.

„Ich kann auf jeden Fall schneller laufen als du“, antwortete Ida.
Sie stellten sich auf und rasten zum Rand des gefrorenen Teiches.
Sie liefen so schnell, dass sie rosa Wangen bekamen.
„Gut gemacht, Ida“, rief Papa, als sie knapp vor Iggy ins Ziel kam.

Auf dem Heimweg kamen sie an einem Schneemann vorbei.
„Ich kann einen größeren Schneemann bauen als du“, sagte Iggy.
„Auf keinen Fall!“, rief Ida.

Schon schaufelten sie Schnee, rollten Schneekugeln und sammelten Stöcke und Kieselsteine, bis die Schneemänner fertig waren.

„Meiner ist größer!“, rief Iggy und stellte sich auf die Zehenspitzen. „Nein, MEINER ist größer!“, erwiderte Ida und sprang auf und ab. „Papa, du entscheidest!“ Beide Schneemänner waren wirklich groß und da Papa sich nicht für einen entscheiden konnte, fragte er, „Wer will ein Eis?“

„Ich kann mein Eis vor dir aufessen“, sagte Iggy und bestellte den größten Eisbecher auf der Karte. Ida wollte genau den gleichen. Als ihr Eis kam, fingen sie an, es zu verschlingen, wobei jeder darauf achtete, wie schnell der andere war.

Langsam waren ihre Mägen voll und sie konnten keinen Bissen mehr essen. Dann sahen sie sich an und lächelten.
„Sagen wir unentschieden?“, fragte Ida.
„Da bist du mir jetzt aber zuvorgekommen!“, kicherte Iggy.

Der Strickwettbewerb

„Nimmst du am Strickwettbewerb teil?“, fragte Fred Fuchs seine Freundin. „Wahrscheinlich nicht“, antwortete Wanda Waschbär. Sie wollte gern mitmachen, aber jedes Jahr gewann Erna Eule. „Es gibt einen neuen Preisrichter“, sagte Fred. „Jeder kann gewinnen!“

Wanda rannte nach Hause und machte sich mit Wolle in ihren Lieblingsfarben an die Arbeit. KLICK-KLACK, KLICK-KLACK!

Ob sie dieses Jahr wirklich gewinnen könnte? Während sie sich in ihren Tagträumen verlor, wurde es um sie herum immer dunkler.

Bald bemerkte Wanda, dass ihr das Sonnenlicht durch das Fenster in die Augen schien. „Ist es schon Morgen?“, fragte sie. „Ich habe die ganze Nacht gestrickt. Ich werde zu spät zum Wettbewerb kommen!“ Sie schnappte sich ihr Strickzeug und rannte durch den Wald.

Sie kam gerade an, als die Jury ihren Namen aufrief. „Ich habe einen Winterschal gestrickt“, verkündete Wanda, leicht außer Atem. Stolz wickelte sie ihn aus und erkannte, dass dieser so lang geworden war, dass er auf dem Boden schleifte.

„Oh nein!“, flüsterte Wanda. „Ich habe so viel gestrickt, dass mein Schal viel zu lang geworden ist. Jetzt werde ich nie gewinnen.“

Sie setzte sich auf die Zuschauerbänke und sah zu, wie ihre Freunde Wollmützen, Handschuhe und sogar Teewärmer präsentierten.

Alle Strickarbeiten erhielten viel Applaus. Wanda stand auf und wollte gehen. Sie wusste, sie würde den letzten Platz belegen und es war ihr zu peinlich, noch länger zu bleiben. Doch als plötzlich jemand ihren Namen rief, drehte sie sich um.

Es war die neue Preisrichterin Stella Schlange.
Sie trug ihren Schal und er passte ihr wie angegossen.

„Du hast gewonnen!“, rief sie. „Dein Schal ist so lang, dass auch ich mich im Winter endlich schön warm einkuscheln kann.“

Wanda betrat strahlend die Bühne und Erna Eule, die Gewinnerin des letzten Jahres, überreichte ihr den Preis. „Herzlichen Glückwunsch“, sagte sie. „Dein Schal ist der beste. Gut gemacht, Wanda!“

Schneeflocken-Eisbecher

An Pia Pinguins Eisstand standen die Tiere jeden Tag meilenweit an. Sie liebte es, ihre begehrten Schneeflocken-Eisbecher zu machen.

Eines Tages saß Pia flossendrehend hinter ihrem Stand und hatte nichts zu tun. „Wo sind denn nur alle?“, wunderte sie sich.

Plötzlich hörte sie ein vertrautes Geräusch. Ihre Kunden waren doch gekommen, aber nicht, um bei ihr zu essen. Sie standen vor einem neuen Stand an, den sie noch nie gesehen hatte. „Holt euch eure gefrorenen Slushies!“, rief Robert Robbe hinter dem Tresen.

„Meine Schneeflocken-
Eisbecher sind genauso
gut wie die Slushies
von Robert“, meinte
Pia. Sie begann, neue
Geschmacksrichtungen zu
mischen und fügte mehr
Deko hinzu als je zuvor.

„Eisbecher mit
extra Schneeflocken-
Streuseln!“, rief sie,
aber es kam niemand.

„Kostenlose Bonbons und Schokolade zu jedem Eisbecher!“, rief sie. Doch es kam immer noch niemand. Selbst ihr spezieller Himbeer-Eisbecher mit weißen Schokostückchen brachte keine Kunden zurück. „Ich weiß, was ich tun muss“, seufzte Pia.

Sie arbeitete den ganzen Nachmittag, doch bevor sie ihre neue Spezialität verkaufen konnte, kam Robert vorbei. „Alle haben mir von deinen berühmten Schneeflocken-Eisbechern erzählt“, sagte er. „Ich würde gerne einen probieren. Ich hatte so einen anstrengenden Morgen.“

„Tut mir leid, ich habe nur Schneeflocken-Slushies“, sagte Pia.

Robert schaute enttäuscht und schnell versammelte sich eine Schar Kunden. „Keine Schneeflocken-Eisbecher?“, fragten sie.
„Ich wollte mir gerade einen holen!“, rief Bobbi Bieber.
„Ich dachte, ihr wolltet alle nur Slushies“, sagte Pia.

Schnell schaufelte sie Eis. „Schneeflocken-Eisbecher für alle!“

Wohin geht der Winter?

Emma Eichhörnchen sammelte Kieselsteine und eine Karotte für das Gesicht ihres Schneemanns. Dann lehnte sie sich zurück und bewunderte ihr Werk. „Gut gemacht, kleines Eichhörnchen!“, rief Mama. „Jetzt ist es aber Zeit, ins Haus zu kommen.“

Mama nahm ihr Mütze,
Schal und Handschuhe ab
und legte sie zum Trocknen
ans Feuer.

Dann verschlang Emma ein
paar leckere Eichelbrote und
schlürfte einen Becher heiße
Schokolade.

„Darf ich jetzt wieder
nach draußen gehen
und mit meinem
Schneemann
spielen?“, fragte sie.

Mama nickte, und Emma lief zurück in den Schnee, aber irgendetwas stimmte nicht. Ihr Schneemann schien kleiner zu sein als vorhin und seine Karottennase lag in einer Pfütze auf dem Boden.

„Mit meinem Schneemann ist etwas passiert!“, rief Emma und zog Mama nach draußen. Nachdem ein paar Kieselsteine heruntergefallen waren, war das Lächeln des Schneemanns nun ein wenig schief und die Pfütze auf dem Boden war noch größer.

„Der Winter ist fast vorbei, Emma“, sagte Mama. „Alles fängt an zu schmelzen.“ Sie ging mit dem kleinen Eichhörnchen tiefer in den Wald hinein.

„Können wir auf dem Teich noch Schlittschuh laufen?", fragte Emma.
„Das Eis ist fast weg", sagte Mama. „Und die Enten werden bald zurück sein, um auf dem Wasser zu schwimmen."
Dann zeigte Mama auf die Bäume. „Schau, da hängen nur noch ein paar Eiszapfen", sagte sie.

Sie zeigte auf das gefrorene Gras und die Blumen, die langsam auftauten. „Ich hatte so viel Spaß in diesem Winter“, sagte Emma. „Aber ich weiß, dass ich den Frühling genießen werde, während ich darauf warte, dass der Schnee nächstes Jahr wiederkommt.“

Der Rodelberg

Moritz Maulwurf hielt am Fuße des Rodelberges und schon zog er seinen Schlitten zum zehnten Mal an diesem Morgen den glatten Hang wieder hoch. Er wollte gerade wieder hinuntersausen, als er zur Spitze des Berges hinaufblickte.

„Lasst uns dieses Mal ganz nach oben gehen“, rief er seinen Freunden zu und sie kletterten zusammen hinauf. Sie waren fast oben angekommen, als sie ein seltsames Geräusch hörten.

A-UUUHH!

Es pfiff und hallte
überall um sie herum.

„Ich gehe da nicht hinauf!“, rief Simon Stinktier. „Ich auch nicht!“, rief Hansi Hase. Sie sprangen auf ihre Schlitten, um den Berg hinunterzusausen, aber Moritz entdeckte Fußspuren im Schnee.

„Ich frage mich, wem sie gehören“, sagte Moritz. Aber seine Freunde waren schon davongerodelt. So folgte er ganz allein den Fußspuren durch die Wolken nach oben.

Während er immer höher kletterte, wurde das seltsame Geräusch lauter und lauter.

A-UUUHH!

Schließlich erreichte Moritz den Gipfel des Rodelberges.
Die Wolken verschwanden und er war vom klaren Himmel umgeben.
Dann, in der Ferne, sah er jemanden ganz allein sitzen.
Das Geräusch kam von ihm!

Moritz kam langsam näher. Es war Walter Wolf! „Ich habe heute Morgen meinen Schlitten hier hoch gezogen“, sagte er, „aber es ist so steil. Ich traue mich nicht, wieder nach unten zu rodeln!“

Moritz versprach, ihm zu helfen, und zog Walters Schlitten an den Rand des Abhangs. Bevor Walter jedoch aufsteigen konnte, schob Moritz den Schlitten an und er rutschte den Berg hinunter.

„Was jetzt?“, rief Walter.

„Wir rutschen zusammen“, sagte Moritz.

Zuerst kletterte Moritz auf seinen Schlitten. Dann bat er Walter, sich hinter ihn zu setzen. „Halt dich gut fest!“, rief Moritz. „Fertig? Drei ... zwei ... eins ... LOS!“

Bevor Walter überhaupt
Zeit hatte, sich zu fürchten,
sausten er und Moritz
schon gemeinsam den
Berg hinunter. Auf ihrer
schnellen Fahrt spürte er
ein Kribbeln im Bauch. Dann
landeten sie in einem großen
Schneehaufen.

Simon und Hansi jubelten,
als sie Moritz entdeckten.
Sie waren sich einig, dass
er sehr mutig gewesen war,
weil er dem gespenstischen
Geräusch bis nach oben
gefolgt war.
„Ich bin nicht der Einzige, der
sich heute seinen Ängsten
gestellt hat“, sagte Moritz.
„Gut gemacht, Walter!“

Ein verschneites Fest

Heidi Hase war mit ihren Schneeflocken-Cupcakes fertig und hatte ihre Eiszapfen-Wimpel aufgehangen. Am ersten Tag des Winters veranstaltete sie immer eine Fest und alle waren eingeladen. „Ich hoffe, sie haben genauso viel Spaß wie letztes Jahr“, sagte Heidi.

Sie ruhte sich noch etwas aus, bevor ihre Freunde kamen, aber als es immer später wurde, fragte sie sich, wo alle blieben. „Haben sie meine Einladungen nicht bekommen?“, fragte sie sich. „Vielleicht war mein letztes Fest doch nicht so lustig, wie ich dachte.“

Sicher, dass niemand mehr kommen würde, nahm Heidi einen Bissen von ihrem Schneeflocken-Cupcake. Dann hielt sie jedoch inne, als neben ihr plötzlich ein wenig Schnee herunterrieselte. Sie schaute auf und sah, dass Vicky Vogel auf dem Ast über ihr gelandet war.

„Tut mir leid, ich glaube nicht, dass noch jemand kommt“, sagte Heidi mit vollem Mund.

„Sie können nicht kommen“, sagte Vicky. „Auf der anderen Seite des Waldes herrscht ein Schneesturm. Alle stecken im Schnee fest.“ – „Wir müssen ihnen helfen!“, rief Heidi. „Ich hole meine Schneeschuhe.“

Sie stapfte durch den tiefen Schnee, Vicky war dicht hinter ihr. „Hallo!“, rief sie. „Ist da jemand?“ Aber je tiefer sie in den Wald hineinging, desto schwieriger wurde es, durch den aufgewirbelten Schnee zu kommen. „Wir werden sie nie finden“, sorgte sie sich.

Heidi schob immer wieder Äste beiseite, bis sie plötzlich stolperte und mit einem PLUMPS auf dem verschneiten Boden landete.

„AHHH!“, schrie sie. Durch den Schnee konnte sie eine geheimnisvolle Gestalt erkennen, die sie direkt anstarrte. Sie rappelte sich wieder auf, als jemand ihren Namen rief.

„Heidi, bist du das?“ Sie sah genauer hin, und ein weiteres Augenpaar erschien. Dann noch eines und noch eines. In dem Hohlraum einer riesigen Eiche saßen alle ihre Freunde zusammengekauert, um sich vor dem Schneesturm zu schützen.

„Es tut uns leid, dass wir es nicht zu deinem Fest geschafft haben“, sagten sie. „Wir haben uns so darauf gefreut, mit dir zu feiern.“ Heidi kuschelte sich neben ihre Freunde und lächelte.

„Wir können doch feiern. Es ist immer noch der erste Tag des Winters!“

Als nur noch ein paar Schneeflocken durch die Luft flogen, verließen die Freunde ihre Höhle und sahen hinauf zu den Sternen, die am Himmel funkelten. Da knurrte Heidis Bauch. „Ich wünschte, ich hätte meine Schneeflocken-Cupcakes mitgebracht", sagte sie.

„Überraschung!“, rief Bobbi Biber. Jeder hatte etwas für die Feier mitgebracht, und sie setzten sich an ein gemütliches Lagerfeuer, um Marshmallows zu rösten und Winterlieder zu singen.
„Danke, dass ihr mit mir feiert“, sagte Heidi.
„Ich kann das Fest im nächsten Jahr kaum erwarten!“

Wintersonne

Hugo Husky wickelte sich in seinen warmen Wollschal, trat nach draußen und fröstelte. „Schon wieder ein verschneiter Tag“, seufzte er. „Ich wünschte, die Sonne würde einmal rauskommen.“ Dann hatte Hugo eine Idee. Er könnte doch auch ohne Sonne einen Sommertag erleben!

Er öffnete seinen
Kleiderschrank und holte
Hemd und Hut heraus,
die er bei der letzten
Kostümparty getragen
hatte.
„Perfekt!“, sagte er.

Dann eilte er in den Spielzeugladen und kaufte einen großen Strandball. Im Supermarkt besorgte er noch ein paar Dinge. Als alles fertig war, machte sich Hugo auf den Weg zum Strand.

„Es ist Zeit für eine Strandparty!“, rief Hugo. „Kalte Getränke für alle!“ Er nippte an seinem leckeren Saft und wartete, aber es kam niemand. Die Hasen veranstalteten eine Schneeballschlacht, Leo Luchs machte einen Schneeengel und Vicky Vogel fuhr auf dem Snowboard.

Hugo seufzte wieder. „Ich werde wohl meinen Sommertag allein genießen müssen“, sagte er. Er ließ sich in seinem Liegestuhl nieder und begann zu träumen, von warmen Wellen, die seine Pfoten im Meer umplätscherten.

Plötzlich machte es laut KRACH! Fred Fuchs und Rudi Rentier waren in Hugos Tisch geschlittert. Die Becher flogen durch die Luft und landeten direkt auf ihren Jacken. „Oh nein!“, rief Hugo. „Jetzt ist mein Sommerfest wirklich ruiniert.” – „Tut uns leid“, sagte Fred Fuchs.

Rudi leckte sich die Lippen. „Mmm, das schmeckt nach ... Sommer! Kommt alle mal her!“

Hugo machte schnell eine neue Ladung Säfte, und ehe er sich versah, genossen alle die kalten Getränke und spielten Strandspiele auf dem Eis. „Wer braucht schon Sonne für den Sommer!“, freute er sich.

Lustiges Schneetreiben

„JIPPIE!“, rief Dora Dachs, als sie den Hügel hinunterrollte und drei Purzelbäume nacheinander schlug.

„Es ist Zeit für das Mittagessen“, rief Opa Dachs. „Komm herein und wärm dich auf.“ Aber Dora hatte keine Lust dazu. Sie wollte den ganzen Tag im Schnee spielen.

„Nur noch ein bisschen länger, bitte!“, rief sie. Opa lächelte und ließ sie noch fünf Minuten spielen, während er das Mittagessen vorbereitete.

Doch dann entdeckte Dora ihre Freunde und lief zu ihnen. Sie rollten Schneebälle und machten sich bereit für eine Schneeballschlacht.

„Getroffen!“ rief Emma Eichhörnchen.

„Ahhh!“

rief Dora, als sie der Schneeball traf und sie in einem Schneehaufen landete.

Sie war nicht bereit, aufzugeben, also rollte sie den größten Schneeball und warf ihn auf das kleine Eichhörnchen. „Erwischt!“, rief sie.

Als Dora nach der Schneeballschlacht nach Hause kam, waren viel mehr als fünf Minuten vergangen. Ihre Nase fühlte sich eisig an und ihre Zehen waren eiskalt. Sie schlich ins Haus und war sich sicher, dass Opa Dachs wütend sein würde. Aber das war er nicht.

Er hängte die nassen Kleider zum Trocknen auf und gab ihr eine Decke und flauschige Socken zum Aufwärmen. „Es ist zu spät zum Mittagessen“, sagte Opa, „aber wie wäre es mit einem Tee?“

Er brachte ihr köstlichen, gebutterten Toast. „Es tut mir leid, dass ich so lange draußen gespielt habe“, sagte Dora und aß hungrig.

Ihre Nase wurde wärmer, und sie konnte ihre Zehen fast wieder spüren.

Opa machte ihnen beiden heiße Schokolade und sie kuschelten sich in seinen großen, gemütlichen Sessel. Er gab Dora sogar die Marshmallows aus seiner Tasse, als sie ihre eigenen aufgegessen hatte.

„Du hattest recht“, sagte Dora, die langsam müde wurde. „Es war Zeit, ins Warme zu kommen. Ich verspreche, nicht mehr zu lange draußen zu bleiben.“ Opa lächelte und drückte den kleinen Dachs ganz fest an sich.

Dann küsste er sie auf die Stirn, und Dora schloss ihre Augen. Bald schon schlief sie zum Geräusch des knisternden Feuers ein.

„Träum süß, kleiner Dachs“, flüsterte Opa.
„Morgen ist ein neuer Tag.“